목하열애 (目下熱愛)

홍미경 2집

님께

....

함께 있으면 좋은 사람에게 이 책을 드립니다.

늘 건강하시고 행복하세요.

드림

....

날짜 :   년   월   일

책을 펴내면서

삶을 살아가면서 짬짬이 글을 쓰는 일은 저에겐 소박한 즐거움이 되었습니다. 서툴지만, 마음속 감성들을 글로 빚어내는 과정은 무한한 떨림이요 행복으로 이어집니다. 글을 쓰며 살아가는 삶의 가치와 언어의 무한한 힘을 알게 되었고, 우리말의 소중함을 깊이 깨닫게 되었습니다. 시인으로서 등단 및 시집 발간에 이르는 일은 떨림이요 희열이 아닐 수 없습니다.

시나브로 가을이 깊어져 갑니다. 붉은 잎새들 사이로 소슬바람이 불어올 적에 저는 두 번째 시집을 발간하게 되었습니다.

서툴고 부족함에 좌절하고 흔들릴 때마다 힘을 실어주신 서인석 대표님께 깊은 감사를 드립니다.

그리고 부족한 저를 위해 늘 곁에서 외조를 마다하지 않은 저의 남편, 신기원님과 열린동해문학 작가님들의 응원에 감사의 마음을 전합니다.

가을엔 그저 사랑하며 살아가고 싶습니다. 모든 님들의 행복을 기원합니다.

                                  2025년 깊어가는 가을날
                                          홍미경 작가

제 1부 • 사랑이 시작될 때

여름이 가는 소리 · · · · · · · · · · 14
양촌 저수지의 가을 · · · · · · · · · 15
금풍 불면...가을바람 · · · · · · · · 16
하루가 간다 · · · · · · · · · · · · 17
너의 의미 · · · · · · · · · · · · · 18
마음은 외출 중 · · · · · · · · · · · 19
휴식 · · · · · · · · · · · · · · · 20
하얀 꽃들을 보며 · · · · · · · · · · 21
도리깨질은 누가 할까 · · · · · · · · 22
가을은 · · · · · · · · · · · · · · 24
어머니와 나의 사계절 · · · · · · · · 25
아침과의 만남 · · · · · · · · · · · 26
가을이 오는 중 · · · · · · · · · · · 28
창문을 열면 · · · · · · · · · · · · 29
비 내리는 산사에서 · · · · · · · · · 30
기다림 · · · · · · · · · · · · · · 32
그리움은 삭지 않는다 · · · · · · · · 33
가을이 닿기 전에 · · · · · · · · · · 34
머지않아 너에게로 가겠다 · · · · · · 35
자연의 섭리 · · · · · · · · · · · · 36
꽃비 흩날리다 · · · · · · · · · · · 37
8월이 가고 있다 · · · · · · · · · · 38
팥 꽃 필 적에 · · · · · · · · · · · 39
사랑한다는 말만 한다 · · · · · · · · 40

제 2부 • 사랑이 오는 소리

쓰리라미 울 적에 · · · · · · · · · · · · 42
폭염 · · · · · · · · · · · · · · · · · · 44
매미의 생과 사 · · · · · · · · · · · · · 45
7월 하늘 아래서 · · · · · · · · · · · · 46
별이 빛나는 밤에 1 · · · · · · · · · · · 47
비 쏟아지는 날엔 · · · · · · · · · · · · 48
풀잎 · · · · · · · · · · · · · · · · · · 49
너를 만나러 가는 길 · · · · · · · · · · 50
지난밤 소식 · · · · · · · · · · · · · · 51
숲 그늘에 밤이 찾아오면 · · · · · · · · 52
도시의 숲 · · · · · · · · · · · · · · · 54
폭염에 마음이 가물다 · · · · · · · · · 55
별이 빛나는 밤 2 · · · · · · · · · · · · 56
내게 날개 있다면 · · · · · · · · · · · · 57
통성명 · · · · · · · · · · · · · · · · · 58
풍뎅이는 어디로 갔을까 · · · · · · · · 60
향기 · · · · · · · · · · · · · · · · · · 61
비 오는 날의 이별 회상 · · · · · · · · · 62
너를 위해 · · · · · · · · · · · · · · · 63
그대는 내게 무엇입니까 · · · · · · · · 64
선인장 · · · · · · · · · · · · · · · · · 66
바람이 전하는 말 · · · · · · · · · · · · 68
붓들레아 꽃 · · · · · · · · · · · · · · 70
잉걸불 사그라질 때 · · · · · · · · · · · 71

제 3부 • 여전히 지금도

내 안에 머무는 사람 · · · · · · · · · 74
유배지를 떠나는 나무들처럼 · · · · · 76
꽃이라서 · · · · · · · · · · · · · · · 78
목하 열애 · · · · · · · · · · · · · · 79
그리움과 외로움 · · · · · · · · · · · 80
윤슬 그리고 혜음 · · · · · · · · · · 81
고백 · · · · · · · · · · · · · · · · · 82
이름 모를 새 · · · · · · · · · · · · 83
너무 흔들리지 마라 · · · · · · · · · 84
빈 병 소리에 귀기울이다 · · · · · · 86
양촌 저수지 대숲에는 · · · · · · · · 88
새들의 둥지와 별 · · · · · · · · · · 90
망중한 · · · · · · · · · · · · · · · · 91
보배 · · · · · · · · · · · · · · · · · 92
묵정밭 앞에서 · · · · · · · · · · · · 94
어머니의 보조개 · · · · · · · · · · · 96
너와 나 · · · · · · · · · · · · · · · 98
감꽃 피었다길래 · · · · · · · · · · · 99
아침이 오는 소리 · · · · · · · · · · 100
그대, 쉬어 가도 괜찮아요 · · · · · · 101
숨어 버린 사랑아 · · · · · · · · · · 102
아침이 고요에 묻히다 · · · · · · · · 103
낡은 것들과의 이별 · · · · · · · · · 104
꽃으로 피어나는 그리움 · · · · · · · 105

제 4부 · 그리고 아직 사랑

전화 꼭 주세요 · · · · · · · · · · · 108
밤새 울던 개구리 · · · · · · · · · · 109
비바람의 잔혹함 · · · · · · · · · · 110
장미 흔들리다 · · · · · · · · · · · 112
꽃피움의 순간 · · · · · · · · · · · 113
그대만이 · · · · · · · · · · · · · 114
자주달개비꽃 · · · · · · · · · · · 115
봄이 간다고 슬퍼 마오 · · · · · · · 116
사랑의 기도 · · · · · · · · · · · · 118
산들이 깨어날 때 · · · · · · · · · · 120
파장 · · · · · · · · · · · · · · · 122
눈빛 사랑 · · · · · · · · · · · · · 123
어머님의 꽃 · · · · · · · · · · · · 124
계절과의 이별 · · · · · · · · · · · 126
너의 눈 · · · · · · · · · · · · · · 127
클래식한 사랑을 담은 편지 · · · · · 128
너란 사람 · · · · · · · · · · · · · 130
들꽃의 사랑을 아시나요 · · · · · · 131
너에게 행복을 주고 싶다 1 · · · · · 132
너에게 행복을 주고 싶다 2 · · · · · 133
하오 (下午) · · · · · · · · · · · · 134
모든 것이 다 괜찮았다 · · · · · · · 135
험히 짓밟지 않으리 · · · · · · · · 136
봄이 온 것뿐이다 · · · · · · · · · 138

제 5부 • 이별의 전조

가을 편지 · · · · · · · · · · · 140
섬 · · · · · · · · · · · · · · · 141
어머니 얼굴 · · · · · · · · · · 142
이별하기 좋은 날 · · · · · · · 143
가을로 간다 · · · · · · · · · · 144
가을이 올까 하여 · · · · · · · 145
또다시 오는 가을 · · · · · · · 146
밤하늘 하늘 바다 · · · · · · · 147
꽃비 내리는 봄엔 · · · · · · · 148
새벽은 갔다 · · · · · · · · · · 149
새벽의 주인은 누구입니까 · · 150
봄볕은 젖 물리는 엄마다 · · · 151
아메리카노 같은 일요일 · · · 152
목련꽃 필 때마다 · · · · · · · 154
봄엔 무엇을 꿈꾸는가 · · · · 155
가을밤 달빛 아래서 · · · · · · 156
귀기울이면 다 들려요 · · · · 157
동박새 나는 봄 · · · · · · · · 158
꽃들에게 하고픈 말 · · · · · · 159
봄날 사색 · · · · · · · · · · · 160
홀로 피고지는 꽃 앞에서 · · · 161
훗날 우린 · · · · · · · · · · · 162
나의 사랑도 오겠지 · · · · · · 163
혼자만의 약속 · · · · · · · · · 164
꿈꾸는 별 하나 · · · · · · · · 166
소망 · · · · · · · · · · · · · · 167

01

1부
사랑이 시작될 때

여름이 가는 소리

녹슨 양철 지붕 위, 여유로이
따리 틀고 앉았던 불볕이
잠자리 떼 춤사위 따라 내려와
가을빛에 자릴 내어주고 콧노래
흥얼흥얼, 저 옆 길섶으로 간다

닭의장풀 푸른빛, 가을을 부르고
여름꽃은 이울고 만삭의 꽃 씨방
산달이 코앞이라 산들바람 산파되어
꽃씨 나왔다! 순산을 맨 먼저 알린다
호랑나비 넓은 날개, 씨앗들을 품고

알알이 쏟아져 나온 해맑은 씨앗들
제 어미 무덤 위에 나란히 누워
나뭇잎 이불을 덮고 사르르 눈 감고
귀뚜라미 자장가를 기다리면 건너편
저녁노을, 가을빛 품은 별들을 모셔 온다

양촌 저수지의 가을

생량한 바람결에 일렁이는 물결 위로
은빛 비늘 반짝이며 떼 지어 춤추는
치어들의 몸놀림이 바람처럼 부드럽다

지나가는 구름들도 물결 위에 춤추듯
그림을 그리고 물 위 그림자 드리운
숲 사이로 바람의 노랫소리 들려온다

대숲 둥지 안 새들이 가을 노래 부르는
양촌 저수지에 가을이 오면 나무보다
빠르게 내 가슴에 단풍이 물들어 간다

금풍 불면...가을바람

살랑살랑 금풍이 불어오면
산마루 뻐꾸기 탁란을 마치고
고요한 숲속에 가을이 물들면
나그네새들 멀리로 떠나간다

들녘마다 벼 이삭 고개 숙인 채
가을의 기도를 읊고 풍년가 따라
허수아비 팔랑팔랑 어깨춤을 추면
길가 코스모스 저도 살랑춤을 춘다

바람 불어 나뭇잎들 흩어지면 길가
낡은 의자엔 숱한 사람들의 추억이
앉았다 떠나가고 쓸쓸한 저마다의
마음엔 가을바람을 품고 살아간다

하루가 간다

여름이 떠나가는 길에도
잠시의 휴식이 필요한 걸까!
하늘과 땅 사이 어디쯤에서
멈칫거리다 사라지는 것일까!

하늘도 아닌 곳
땅도 아닌 곳
여름이 흔들흔들
거미줄 그네를 탄다
삶에 진력난 하루가 흔들리며
초침을 따라 떠내려간다

남은 생애 중 하루가
지워져 가는 소리는
심장이 뭔가에 살짝
갉아먹히는 아픔 같다

너의 의미

가끔
길을 찾지 못해 헤맬 때
등 내밀어 주는 너의 흔적을
짙은 어둠 속에서도 눈 감고
찾을 수 있을 것만 같다

초라한
마음 한가운데 들어온 너는
제일 먼저 보이고 맨 나중까지
남아 있는 향기로운 사람
넌 하루의 시작이자 끝이다

네가 하늘을 날면 나도 따라
날아오르는... 힘이 되어 주는 사람
새 잎의 맑음과 낙엽의 성숙함을 닮은
너의 모습에서 계절들을 만난다
넌 나의 사계절이다

마음은 외출 중

발뒤꿈치 들고 소리 없이
찾아온 유리창 밖 어둠이여

벗어 놓은 여름 샌들이 강물에
몸 담근 채 아직 돌아오지 않았다

길었던 하루 해 떨어진다 재촉해도
돌아오지 않는 외출 중인 마음이여

갈 곳 잃어 배회하는 어둠 속 그림자 위
달빛은 잠든 나뭇잎에 긴 족적을 남긴다

집으로 가는 길은 아직도 먼데
달빛은 서둘러 저 먼저 집으로 들어간다

휴식

아침햇살
붉은 꽃 들고 오는 길엔
지상의 생명들, 잎사귀 펼쳐
꽃받침을 만들고

두둥실 하늘 구름
새들과 햇살의 오수를 위해
솜털 이부자리 만들고 뜰 위 걷는
고양이, 하늘 보며 하품을 한다

빨랫줄 위 잠자리
살랑살랑 콧노래 부르고
눈 감은 나팔꽃, 꽃구름 그림자
드리울 때 하늘 보며 웃는다

턱 괸 손
바람을 만나고 나무 의자 위에
햇살과 바람도 앉았다가
서서히 서쪽으로 간다

하얀 꽃들을 보며

부추꽃 피어나는 때인가 봅니다
간절한 깊은 언어들이 한데 모여
하늘 향해 순결한 기도를 드리듯
하얀 촛불 닮은 하얀 꽃 피어나면
꽃과 하늘 보며 두 손 모으렵니다

까마중 하얀 꽃들 별처럼 곱습니다
진보랏빛 흑진주 닮은 수줍은 열매들
꽃도 열매도 땅만 품은 줄 알았더니
한여름 태양의 입맞춤으로 꽃 피었고
달과 별의 사랑으로 열매 익어갑니다

구절초, 가을을 맞으려고 피어납니다
바람에도 꺾임 없이 자란 줄기마다,
꽃송이마다 아픔은 없어 보입니다
비와 바람과 폭염에도 주저앉지 않은
꽃들의 인내와 성품에 침묵할 뿐입니다

도리깨질은 누가 할까

휘초리 몇 가닥 엮은 도리깨로
깻단을 털어야 할 때가 되었다
몇 달 전, 병을 고치러 서울로 떠난
고령의 옆마을 이씨 할머니께선
꿈속에서 도리깨질을 하고 계시려나!
이젠 그 일을 누가 할까!

심어 놓은 깨가 풍년이라며 이리저리
엉덩이 헐도록 밀고 다니며 잡초를 뽑았다던
그녀의 귀가는 자꾸만 늦어지고 있다
곳곳 뼈들이 주저앉아 설 수도 없단다
밭에 다 마른 깨들이 섧게 울겠다
툭툭 튕겨져 나오며 웃어야 할 텐데

해마다 도리깨질을 하던 그녀의 팔.
고단한 노동으로 얻은 두어 말의 깨를
자식들에게 주고 싶다던 아픈 말들이
달빛 아래로 눈물처럼 흐르고 있다
푸른 하늘 보고픈 깨 낟알들의 눈물은
도리깨를 만나야 마를 텐데
이젠 누가 할까

가을은

마음이
가을에
둘러싸였다

하늘 보면
생각나고
꽃들 보면
설레이는

가을은
첫사랑을
닮았다

어머니와 나의 사계절

내 어머니의 심장은
오는 계절마다 쿵쾅거렸다

긴 탯줄 따라 들어온 계절들,
따뜻한 주머니 속 작은 내 심장도
매번 쿵쾅거렸다

하얀 눈 내리던 새벽,
숨 붙은 생명이 생의 첫겨울을 향해
미끄럼틀을 타며 첫 함성을 질렀다

기억나지도 않는 첫 계절은
그날을 또렷이 기억하고 있으리라
어머니가 된 내 심장이 뛴다

봄..여름..가을..겨울..
살아온 날만큼 나이 먹은
사계절은 이제 얼마나 남았으려나!

심장이 롤러코스터를 탄다

아침과의 만남

산 아랫마을엔 신선이 사는 걸까!
구름인 듯 안개인 듯 둘러싸인
그곳엔
무엇이 가장 먼저 아침을 맞을까!
이방인처럼 시선은 곳곳을 떠돈다

침엽수들이 커튼처럼 처져 있는
앞마을엔 새들이 제일 먼저
눈을 뜨고 내가 살고 있는
동네 어귀엔 아침 햇살이
이른 손짓을 한다

먼 곳으로 곧 떠날 제비들은
더 멀리 날기 위해, 더 멀리 보기 위해
높이 더 높이 날아오른다
이른 아침부터
이별이 젖은 옷처럼 가슴에 널렸다

제비 날개 타고
매미 울음소리 하늘을 날고
우체통엔
편지인 양 바람이 머물다 나오고
마음은 분주하게 일을 시작한다

가을이 오는 중

가지 끄트머리
잠자리, 가을이
어디서 오는지
망을 보고 있나

후두둑 떨어지는
빗방울 소리에
가을이 오는 소릴
놓칠 것만 같은데

꽃잎이 떨어질 때
낙엽이 흩어질 때
가을은 한 걸음씩
다가오고 있겠다

창문을 열면

지나간 계절들이
손님처럼 들어온다
가끔은 향기로
때론 빛깔로
다정히 다가온다

담쟁이덩굴 따라왔을까!
살며시 손 내미는
붉은 잎사귀마다
가을을 배달하러
창문으로 오겠다

비 내리는 산사에서

찾고자 한 것도
채우고자 한 것도 없다
비우고
흘려보내고 그저
삶의 더께를 벗어내고자
섰을 뿐이다

자연이 읊어대는
기도 소리에 가만히
침묵하면 되는 거였다
세찬 비바람을 품고 견디는
묵언수행 중인 작은 풀들 앞에
겸손히 고갤 숙이고

젖은 치맛자락에
백일홍 꽃잎 스치고
작은 잎새 스치니
또 이별인가 하였다

매미 울음소리
폭우보다 더 세게 산을 흔들고
느티나무 연리근 젖은 뿌리 아래로
흐르는 눈물, 연꽃에 닿으니
꽃잎 위로 서러운 빗방울 떨어진다

기다림

당신과 제가 만나지는 일이
이토록 어려운 일이었던가요
꽃구름 두둥실 떠가는 곳에
제 마음도 함께 실어 당신께로 갑니다

라임라이트 수국으로 화관을 엮으며
배롱나무 꽃보라 일렁이는 뜰 앞에서
파란 하늘이 당신인 양 바라보고 섰는
한여름 햇살 아래로 서러움만 쌓입니다

달빛 고운 날에 저의 집 꽃살문 열고 오세요
당신 위해 쟁여둔 별빛이 반길 것입니다
혹여 오시는 길 보이지 않는다면 하이얀
도라지 꽃등불, 다문다문 밝혀 두렵니다

당신이 오시는 날엔 하늘보다도
더 푸른 마음으로 꽃돗자리 펼치고
꽃당혜 신은 어린 꼬마처럼 발그레한
두 볼엔 배롱꽃이 맺혀 있을 것입니다

그리움은 삭지 않는다

어떤 씨앗도 뿌린 적이 없다
그저 심장이 뜨거웠을 뿐이다
따순 혈액이 싹을 틔웠을까!
만남과 헤어짐은 늘 뜨거웠다

가슴을 꽉 채우고도 모자라
거침없이 자라나고 잠들지도
시들지도 않는 나무와도 같은
그리움의 뿌리는 왜 그리 깊은지

실팍한 가지마다 흘러가 버린
우리의 계절은 별처럼 빛나고
서로 주고받던 언어들은 밤이 되면
하얀 박꽃으로 피어나겠다

다정한 너는 내 가슴에 365일
꽃을 품은 보름달로 떴더란다
오늘밤엔 보름달이 뜰 거란다
삭지 않는 그리움이 다가오는 것이다

가을이 닿기 전에

댕돌같은 더위가 주춤할 즈음엔
더넘바람 더금더금 가까이로 오기 전에
파란 하늘을 가슴에 담아둘 일이다

백일의 약속은 다 피었던가!
하늘까지도 물들이던 백일홍 꽃잎
다 지고나면 그 끝 어디쯤에서 몰려올
가을바람을 감당해낼 수나 있으련가!

메마른 가지 끄트머리 차지한 채
오는 가을을 위하여 날개 접어
기도하는 잠자리를 잊지 말아야지
슬며시 다가와 앉았을 가을하늘을
묵묵히 사랑할 준비를 마쳐야지

머지않아 너에게로 가겠다

꽃 진 자리마다
씨앗들의 그림자는
거룩한 땅 위에 각각의
이름으로 명패를 꽂는다
다시 또 피어나리라는 약속

파르르 떠는 잠자리 날개 사이로
뜨거운 계절은 마지막 몸살을 앓듯
날숨을 쉰다
이 계절이 가면 너에게로 가겠다
지상 위 메마른 곳엔 가을꽃 피어
설레일 테니 그 고움도 챙겨 가겠다

계절이 바뀌면 너도 나도 흔들릴 테니
가슴속에 탑처럼 쌓아 올려 둔 그리움
우리 둘이 함께 나누자
너무 흔들리지도 말고 무너지지도 말자
너를 향해 곧 가겠으니

자연의 섭리

씨르래기 울음소리
고막을 두드리고
베개 위 수북이 쌓인
피로는 잠이 달다

별도 달도 먼 곳으로
여행을 떠났으려나
오늘밤엔 이야기 보따리
밤하늘에 곱게 풀어 놓으리

진초록빛 옅어질 계절 앞에
수많은 생각들은 지는 꽃잎 따라
곳곳으로 흩어지고
가는 새벽,
오는 아침, 고요히 인사를 한다

꽃비 흩날리다

떨어지는 꽃잎 소리에
백일홍 가지 끝 잠자리
붉은 꽃비 흩날리는
하늘을 품었다
잔뜩 찌푸린 회색빛 하늘 아래
고운 꽃잎 눈처럼 쌓인다

바람 불어 만록의 뜨락 가득 퍼진
향기로운 풀내음 심장을 톡! 건드린다
꽃 진 자리마다 매미 울음 머물고
두 눈 감은 얼굴 스쳐 겹겹이 쌓여 가는
꽃무덤 속에 그리움을 묻고
꽃잎 속에 지나간 세월도 묻는다

8월이 가고 있다

붉게 탄다
붉어야만 견뎌낼 수 있는
계절인 걸까!
타다 꺼지면 8월은 없을 터

볼이 붉어지는 이 계절 앞에
마음 또한 붉을 뿐

봉선화 앞 타는 더위
꼴깍 삼킨 검은 씨앗들
톡! 터지며 데구르르 구른다
8월이 흘러가는 소리다

산까치 퍼드득 날 적마다
무더위를 산으로 물어 나른다

팥 꽃 필 적에

엉킨 풀잎 사이 저 홀로 폈더라
팥 꽃 피고 열매 맺는 계절인가!
알갱이 영글고 곱게 물들어가는
목마른 계절
눈물 나도록 꽃들은 고와라

실을 잣는 거미의 몸놀림에 멈칫,
흔들리는 마음은 거미줄에 걸리고
대롱대롱 매달린 붉은 꽃잎들
바람 따라 그네를 탄다
저도 꽃도 흔들리는 계절인가 보다

실잠자리 나는 하늘엔 태양이 타고
내 마음인 양 풀잎들도 타들어 가고
맘 둘 곳 없어 하늘만 바라보는
배고픈 영혼을 위하여 팥 꽃은
소리도 없이 피고 있었던 모양이다

사랑한다는 말만 한다

아침 햇살 쏘아붙이기 전에
가까운 동무들에게
사랑한다...사랑한다
그 말만 되풀이한다

목마른 나뭇잎들에게
거미줄 치느라 지쳤을 거미들에게
갓 깨어난 나방에게
꽃망울 여물지 않은 구절초 위 호랑나비에게
그저 사랑한다는 말만 한다

놀라지 마라
꽃들아 나비들아 새들아
반가워서 예뻐서 웃으며 바라볼 뿐이다
세상에 하나뿐인 너희의 존재함으로
세상은 빛이 나고 활기차고 날이 샌단다
별들을 낚지도 마라
거미줄 위에 떨어질 일도 없다만
곱게 바라만 봐라, 빛남만으로도 곱잖냐

우리 서로 사랑만 하자

02

제 2부
사랑이 오는 소리

쓰르라미 울 적에

흔들어 깨운 것도 아니다
단지 창밖 쓰르라미가 전해 준
새벽으로의 초대장을 들고
새벽별에게 다가갔을 뿐이다

한낮 허공을 날던 저 어 새는
어느 하구에서 별을 바라보고 있을까
새도 나처럼 새벽하늘 별들에게
마음을 **빼**앗겼으려나

날개 있어 새는 날아갔을 뿐이고
다리 가진 난 걸었을 뿐인데
서로의 둥지에서 쓰르라미 소릴
아껴 듣고 있을지도 모르겠다

울음 그친 쓰르라미가
지척에 있을 것만 같은데
이슬방울이라도 모아다 줘야 할 성싶다
목청껏 울지 못하고 멈칫거리니

고요 속에 고운 것들은 모여 산다
별을 가슴에 품고 쓰르라미 소릴 기다린다

폭염

바람은 자취를 감춘 채 숨어 버렸고
매미들은 소릴 죽인 채 함구했다

혁혁대는 대지의 호흡은 뜨겁고
멀떡국 건더기 몇 개쯤 돼 보이는
구름 몇 조각 표표히 떠도는 하늘엔
목마른 나무들의 눈길만이 머문다

목마름의 탄식이 흐르는 둥지 안 제비들
주둥이 벌린 채 더위를 연신 게워낸다

저보다 더 힘든 것들은 어느 곳에서
숨을 헐떡거리고 있으려나
해남 땅 진흙 뻘 짱뚱어는
펄쩍펄쩍 뛰고 있다는데

매미의 생과 사

나무 뿌리, 깊이 박힌 그곳
유년의 흙냄새를 기억할까
양쪽 날개 위로 무심한 햇살은
쏟아지고 차가운 두 눈엔
눈물 한 방울 남지 않았다

까마중 하얀 꽃 옆에 누운 몸
꽃 옆이라 마지막 가는 길은
향기로움으로 가득하였을까 몰라
굳어진 날개 위엔 스쳐간 사랑이
맴맴 소리 내어 울고 있다

별도 달도 며칠 밤 마른 날개 위에
그림자를 남겼다 떠났으리라
사랑의 결실은 어느 나무 우듬지에
탑처럼 쌓였으려나! 그들도 깊고 향긋한
고향 땅속으로 돌아들 가겠지

7월 하늘 아래서

눈이 부셔
오래 볼 수도 없었다

그런 하늘이
무작정 너무도 그리워서
배롱나무 꽃 아래 머물렀다

텅 빈 가슴에 꽃이 피어났다
두 눈 가득 파란 하늘도 담겼다
나비가 되어 이미 날고 있었다

별이 빛나는 밤에 1

밤하늘 가득 메운
별을 보며 걷는다
수많은 별들 중
어느 별 앞에 서서
거룩한 기도문을
읊어야 할까
별똥별 소나기라도
내려주기를

별은 빛난다
누군가
다정히 말하였었다
별이 빛나는 밤엔

깻잎 돌돌 말아 나방이
알을 슨다 하였다
그윽한 깻잎 향이 들이닥친다
어쩌면 알 스는 소릴 들을 수도

비 쏟아지는 날엔

후두둑 빗방울이 때려도
비명조차 지르지 않음은
소리 없이 세상에 피어나는
꽃이 되겠다 다짐했기 때문이다

약한 바람에도 흔들리는
마음이거늘 먹구름 모셔 와
긴 한숨 내뱉는 맹수 같은 폭우가
어찌 두렵지 않겠는가

성난 파도처럼 덥석 몰아친
뇌우 속을 마음이 떠돈다
찢긴 꽃잎 사이 굵은 빗방울은
오련한 기억 하나쯤 허락하려나

달도 없고 별도 없을 어둠 속에서
지나간 지 너무도 오래되어 버린
잊힐 듯 잊히지 않는 기억들을 모아
오늘밤, 하늘 향해 편지를 띄워 봐야지

풀잎

겸손함으로 자릴 지키고
함부로 상처 주지 않는 너

서로의 자릴 탐하지 않는
곧음으로 하늘을 바라보고

맑은 빗방울로 세수를 한
깨끗한 초록빛 영롱함이여

바람 따라 너울너울 춤을 추는
꽃잎보다 고운 넌 초록 풀잎이구나

너를 만나러 가는 길

사람들은 꽃을 보고 있지 않았다
시무룩한 망초꽃과 클로버를 위해
해 줄 수 있는 게 없어 서성거렸다
눈을 떼지 못한 채 마음은 초라해져 갔다
바람이 될 수도 없어 자릴 떠나야만 하는
나의 가슴엔 슬픔이 초록 풀처럼 자랐다

카페에서 너는 몇 해 동안의 수많은
낮과 밤을 안고 뒤돌아 앉은 채
고요를 품고 커피와 마주하고 있었다
외롭지 않았느냐 너의 등 뒤에서
눈빛으로 말을 건네는
나를 못 본 넌 그저 웃기만 하였다
그게 더 좋았다

지난밤 소식

지난밤엔 보름달이 떴더랍니다
성산포 앞바다 파도 남실거릴 때
물고기들은 이리저리 방황하듯
수많은 비늘과 지느러미와 아가미를
느리게 뻐끔거리며 뒤척였을 것입니다

씨르륵씨르륵 울어대던 풀벌레 소리
창밖에 가득할 때 열대야 속에서도
거미들은 실젖에서 실을 뽑아
집을 짓고 있었을 것입니다
갓 부화한 어린 거미는 달빛 아래서
떠난 어미의 품을 그리워했을 것만 같습니다

봉긋하게 입 다물었던 보랏빛 도라지도
소리 없이 꽃잎 펼치고 있었던 모양입니다
백일홍꽃, 밤하늘 별들 바라보며
꽃 피어나던 때도 어젯밤이었나 봅니다
간밤에 당신도 둥근달을 보셨는지요

숲 그늘에 밤이 찾아오면

방추형 꽃 아래 몸을 숨겼던 거미가
부스럭거리는 소릴 들었습니다
아마도 달 뜬 밤 풍경 보러 슬슬
꼼지락거렸던 이유인지 모르겠습니다

들판 어디쯤에선가 밤새 찌르레기
울음소리도 들리곤 하였습니다
개구리 소리는 잠시 들리지 않았습니다

뜨거운 열기 속에서도 꽃잎 펼치던
여러 종류의 목마른 꽃들에게 다정히
등 내밀던 광활한 밤하늘의 별들은
밤새 숲을 바라보고 있었다지요

땀방울로 흥건히 젖었던 셔츠가
말라갈 즈음 흙냄새 밴 앞뜰
메꽃잎에도 밤은 내려앉았습니다

어둠이
하늘의 시작과 끝이 어딘지 알 수 없게
온 숲을 점령하고 말았습니다

새들이 울고 별은 빛나고 달빛 고운 밤에
두 눈 감고서 저도 밤의 일부인 양
고요한 꿈길을 밤새 걸었습니다

도시의 숲

밤새도록 숲 아래 잠든
수많은 차량들의 유리창을 스쳐가던
바람과 구름과 별을 지켜봤노라고

자정 넘어 취기 가득 오른 행인의
비틀거림이 위태로워 보여 숲속 나무들은
그의 그림자 뒤를 따라갔노라고

덜덜거리는 실외기 소음이 탐탁치 않아
숲속 주인 행세에 재미 붙인 산까치가
투덜거리듯 주둥이를 삐쭉거렸노라고

햇살이 얼굴을 내밀기도 전에 이 마을
나이 지긋한 어르신들의 지팡이 소리가
첫 손님처럼 찾아와 숲을 깨웠노라고

유심히 숲을 바라보던 여인의 눈빛이
쓸쓸하다 못해 지쳐 보여서 그녀의 얼굴에
솔바람을 보내줬노라고

폭염에 마음이 가물다

활활 태워 버릴 것만 같은
가혹함 앞에 짠 내 풍겨오는
하늘엔 새 한 마리 날지 않는다

그들의 둥지에서 날갯죽지
펄럭이며 태양의 노여움을
달래고 있는지 모를 일이다

어쩜 해갈의 기쁨을 향하여
어느 낯선 마을 물웅덩이에 모여
그들의 갈증을 토해내고 있을지도 모른다

고독마저 고개 들지 못하고 마음 깊숙이
처박힌 채 꼼짝도 하지 않는 가문 오늘
누구라도 내게 눈물 나는 편지를 써 다오

별이 빛나는 밤 2

별들이 쏟아질 것만 같습니다

듣고 계신지요
눈부신 항성들의 옷자락 끝
찰랑거리는 은빛 물결 속삭임을

보고 계신지요
밤 별들의 느린 춤사위와 서로
가까운 듯 먼 그들의 발걸음을

별들은 서로의 주소를 안다지요
반짝임이 다 다른 번지수
우리들처럼 말이지요

오늘밤엔
예의 바른 밤의 신사와 숙녀들의
멋진 탱고 춤을 볼 수 있다네요

고갤 들어 밤하늘 별들을 보세요

내게 날개 있다면

내게 날개 있다면
너로 인하여
웃는 날 많았으니

기쁨 한가득 싣고
너에게로 날아가련다

나로 인하여
웃는 너의 얼굴
보고 싶어서

통성명

우린 서로의 이름을 모릅니다
그런 당신을 위하여 등불을 밝힙니다
오고가는 길에라도 나의 집 벽에 기대어
밤하늘 별을 보며 그리움에 흐느껴
울지도 모르기 때문입니다

외로움에 지쳐 머물던 면벽의 순간이
나의 집 벽이 될 수도 있기 때문입니다
밝혀진 등불 하나
당신 가슴에 희망의 불씨를 살려내는
불쏘시개가 될지도 모르기 때문입니다

간혹 달빛 비추인 나의 창가 앞에 멈춰
고갤 들어 마주한 주광색 등불이
메마른 당신 가슴에 꽃이 피어나는
기적을 만들어 줄 수도 있기 때문입니다

우린 등불 하나 사이에 두고 가끔
각자의 이름을 말하기도 했을 것입니다
낯선 당신과 내가 눈빛으로 만나진다면
이젠 서로의 이름을 알려주기로 합니다

풍뎅이는 어디로 갔을까

돌멩이 위 납작 엎드려
일광욕 즐기던 바람이
풍뎅이를 데려갔을까

보일 리 없는데도 왠지
사그락사그락 꿈틀대던
등 껍데기가 보고 싶었다

있을 리 없는데도 왠지
날아 올 것만 같아 쭈욱
뻗어 보던 부끄러운 손

바람과 나무 이파리들이
간지럼을 태우곤 했지만
곧 아니란 걸 알아 버렸다

밤이라서 그랬을지 몰라
어둠과 참나무를 좋아하는
나그네는 여행 중일 텐데

향기

훨훨 날아 어딜 가는가 하였지
팔랑팔랑 옮겨 다니는 그림자
입맞춤 하러 가는 길이었나 봐

서로 약속을 했었나 싶었지
사르르 꽃잎 펼치며 웃을 때
살며시 안기는 모습 말이야

말하지 않아도 만나지는 이유와
사랑하는 이유를 알 것도 같았어
생채기 내지 않는 향기가 아닐까

비 오는 날의 이별 회상

진눈깨비 내리듯 하얗게 뿌리는
보슬비는 우리들의 과거가 아프게
지상 위로 쏟아져 내리기 시작할
즈음의 혼란은 아닐까 생각했다

때론 왼쪽으로 때론 오른쪽으로
바람 따라 휩쓸리는 빗방울처럼
우린 가끔씩 서로의 가슴에 검은
아픔의 재를 뿌리곤 하였었다

서툴게 내뱉던 무수한 언어들이
몸부림치고 서로의 얼굴이 처참히
구겨질 때 결국 서로에게 가시 박힌
뒷모습을 보이며 흩어지고 말았다

비는 내리고
잠자고 있던 기억은 몇 개의 구멍 난
사각 보자기를 제멋대로 펄럭이고
뾰족한 조각들이 얼굴을 내밀었다

너를 위해

너를 위해 피어나는
한 송이 꽃이고자 하였다

너만을 위해 피고 지는
고운 꽃이고자 하였다

너의 눈빛 보며 피어났고
너의 미소 보며 피어났다

너의 슬픔 따라 꽃잎 접고
너의 눈물 따라 꽃잎 진다

그대는 내게 무엇입니까

먼 곳에 그대 있다 하여도
잊히지 않고 언제나 향기로운
꽃처럼 내 가슴안에 있어라

가슴이 모든 걸 알고 있으니
늘 내 안에 머물며 서성거리는
그대는 시들지 않는 꽃이어라

생각만 하여도 그대는 어김없이
꽃이 되어 머무는 고마운 사람
두 눈에 차오르는 그리움이어라

머무는 곳 달라도 어두운 밤하늘
은하수 다리 건너고 건너오실 이
별빛 품어다 안겨 주실 것만 같아

잔잔한 바람결에 작은 꽃잎들
흔들리면 혹 그대 꽃잎 위로 사뿐
걸어 오심인가 멈추어 기다리는 마음

그대는 내게 무엇입니까
그리움이요 타오르는 촛불이어라
그대를 사랑하는 난 행복합니다

선인장

제 살갗에 자수를 놓고 또 놓으며
고통의 늪에서 비명조차 지르지
아니함은 어찌 된 일일까

한 바늘 또 한 바늘
살 속 뚫고 휘젓던 날카로운 설움이
행여 꽃 피워낼 힘이라도 되었을까

저만치서 서성거리던 낯선 달빛

홀로 고독에 슬피 울던 익숙함이
피 한 방울 흘리지 않은 채
세상에 머물 제 모습을 빚었을까

밤새도록 달빛 아래 머무는 흐릿한
제 그림자 바라보며 떨군 눈물방울
채 흘리지 못하고 제 몸속을 돌고

삭막한 모래바람 속 헐벗은
영혼의 허기는 단아한 한 송이
꽃이 되고 바람은 씨앗을 빚는다

바람이 전하는 말

자정 넘어 잠 깬 바람이
온 동네를 휘젓기 시작한다
수많은 개구리들이 울음을
그친 건 바람 소리에 귀를
기울이는 탓인지 알 수 없다

무성한 소문들은 가오리연
꼬리 되어 하늘을 날고
멀리로 실려 간 철수 엄마의
과거와 현재의 눈물은
물 먹은 화장지처럼 뭉쳐 있다

장터를 걷던 그녀의 봄과 낭만이
휩쓸려 가버리고 없는 이 밤
그녀의 머리 위로 둥둥 실려 가던
스물대여섯 마리의 숭어 떼는 춤을 추며
꽃잎과 하늘을 품고 있었을는지 모르겠다

어디선가 쨍그렁 소리 들리고
개구리들 다시 울음 울고
찢긴 비닐 조각들은 통곡 소릴 낸다
성한 곳 하나 남아 있지 않은 그녀의
굽고 휜 관절들이 부딪히며 울고 있나 보다

붓들레아 꽃

타닥타닥
유월의 하늘에
불꽃이 타오릅니다

저 홀로
타는 것이 아님을
알려나 모르겠습니다

보고 섰는
저의 가슴도 덩달아
불꽃처럼 타오르는 것을

잉걸불 사그라질 때

몽글몽글 구름꽃 피어오른다
새빨간 불꽃의 숨 멎어가는 순간
세상을 향한 반항의 몸부림처럼
하늘 위로 하얀 눈물을 흘린다

여우비 틈새기 따라 여름이 간다
구슬땀 주렁주렁 맺힌 까만 얼굴들
등 돌리고 전봇대 옆 버려진 선풍기
그림자 안에 불 꺼진 숯이 자고 있다

꼬리 긴 가혹한 계절은 사라져 가고
귀뚜라미 울음소리 따라온 가을은
나뭇잎마다 가을향기 내려놓고
파란 하늘 향해 커다란 날개를 편다

03

제3부
여전히 지금도

내 안에 머무는 사람

비가 오려나 봅니다
비구름 유리창에 얼굴 내밀고
구름 위에 가만히 누운 게으른
햇살은 낮잠을 잔다

땅 위에
제 모습 그리지 않는 꽃들
그럭저럭 괜찮아 보여 다행입니다
제 마음도 이냥저냥 괜찮습니다

작은 숲으로 자박자박 내딛던 마음
당신 좋아하시는 자귀나무 바라보며
꽃 피었나
꽃 피려나 싶어 머물던 시선

제 가슴속엔 이미 꽃 핀 지 오래입니다

오므린 꽃송이 위
점박이 하얀 나비
당신인 양 훨훨 날아
제 가슴에 안깁니다

유배지를 떠나는 나무들처럼

저마다의 생명들이 생을 마칠 때마다
맨 먼저 눈물 흘렸을는지 모를 나무의
슬픈 곡소리는 물 위 둥둥 파르르 떠는
자잘한 파동이 되어 끝에서 끝으로
이름 모를 야생화 무리들에게 부음을
전하곤 하였을는지 모를 일이다

물속 무수한 치어들의 잉태와 난산의
순간까지 모조리 알고 있을 법한
물가 옆, 쇠락해진 나무의 몸뚱이는
서서히 제 무덤을 향하여 눕고 있었을까
먼저 떠난 이웃들의 검은 잔재 앞에
매일 묵념하며 밤을 보냈을는지 모를 일이다

나무들이 눕는 곳은 마음의 유배지
목마른 풀들의 울음에도 물 한 모금
떠다 먹일 수 없는 황량한 마음이여
천 겹으로 구겨진 외로운 마음이여
오늘밤엔 부디 숱한 사연 품은
아름다운 유배지에서 별을 바라보자

꽃이라서

꽃 앞에 서면
아무런 말 없이 오래도록
사랑할 수 있을 것 같다

말 없는 꽃 앞에서
눈과 마음으로 한없이
사랑할 수 있을 것 같다

홀로 바라보아도
주고받는 말 한마디 없어도
꽃이라서 사랑할 수 있을 것 같다

목하열애 (目下熱愛)

우연히 발길 멈춘 곳!
접시꽃처럼 웃고 있던 당신

말 한마디 주고받은 일 없는데
성큼성큼 가슴안으로 다가오던 빛

우린 서로
하늘만 바라보고
있었을 뿐인데 말입니다

우린 각자
접시꽃만 바라보고
있었을 뿐인데 말입니다

아무래도
서로에게
다가가는 중이었나 봅니다

파란 하늘 아래서
분홍 접시꽃 아래서
우린 지금 열렬히 사랑하는 중입니다

그리움과 외로움

스쳐가는
바람이 그랬고

덜커덩 홈 파인 도로를 쌩쌩
달려가는 낡은 트럭 꽁무니의
뿌연 매연이 그랬고

어디 사는지 말해 주지 않는
입이 무거운 행인들의 쓸쓸히 떠나가는
시선까지도 그리운 때가 있었다

그리운 것들이 스치기만 해도
꽃잎이 떨어지는 것은 외로움까지
스며든 순간일 것이다

윤슬 그리고 혜음

천상의 꽃들이 밤새
꽃잎 위마다 살포시 다녀간
날갯짓의 흔적인가

아무래도 별들은 날아다녔나 봅니다

잠에 취한 생명들이
꿈을 꿀 적에 반달이 부르던
고요한 휘파람의 발자국인가

아무래도 달도 날아다녔나 봅니다

윤슬의 아침은 오고 새들 날고 꽃 피어나니
당신의 숨소리 담긴 편지 한 통
눈부신 햇살 품고 올 것만 같습니다

*혜음: 상대방을 높여, 그가 보낸 편지를 일컬음

고백

백자귀꽃
피어났노라
떨리는 목소리로
말하는 것도

하얀 반달
떠올랐노라
흔들리는 눈빛으로
전하는 것도

당신은 이미
알고 계시겠지요
사랑의 고백인 것을

이름 모를 새

퍼드덕 퍼드덕
허공을 휘젓는 여린 나무 이파리
높은 하늘 바라보네

불어오는 바람의 옷깃 붙잡고
분홍빛 꿈을 꾸는
땅 위에 붙들린 가녀린 영혼

새는 너를 알 수도 볼 수도 없는 하늘 나그네

결코 추락을 바라진 않을 터
부디
땅속 깊이 뿌리를 뻗어라

땅과 하늘을 사이에 두고
서로 그렇게 마주보며 살면 된다
각자 이름 모를 새들로 살아가면 된다

너무 흔들리지 마라

무심히 스쳐가는 그림자들이
외로움으로 다가설 때 있다

뜨거운 태양 아래
홀로 떨고 있는
가난한 영혼 하나 있다

개망초꽃들
씀바귀꽃들 틈에서도
늘 혼자인 고독

지난 가을이, 지난 겨울이
호흡을 멈춘 채
초여름 옆에 가만히 누웠다

저토록 여린 꽃들도
소리 내어 울지 않는데
너무 흔들리지 말자

저마다 홀로 피었다
홀로 지나니 떠나갈 때의
뒷모습만을 생각하자

빈 병 소리에 귀기울이다

울퉁불퉁 골목길엔
하루의 노곤함이 느릿느릿
발을 내딛곤 하였다

하루는 양파 냄새가
또 어떤 날은 마늘 냄새가
골목 안을 채우곤 하였다

코끝이 찡하던 때는 고단한
노동의 끝이 스쳐가고 있었던
때였다

기도를 하는 것도 아닌 듯한데
거룩한 눈빛이 머릴 숙인 채
지상과 맞닿아 있었다

툭!
병 따는 소리에 하루의 피로가
숨을 죽이고 땀내 밴 육체는
전봇대 아래서 달콤함을 마신다

꿀꺽꿀꺽 목젖을 넘어가던 휴식은
옹벽 위에 세워지고 남은 건
떠나가는 이들의 발자국 소리뿐

다 비워진 유리병 안에도 해가 진다

양촌 저수지 대숲에는

오소재 양촌 저수지는
대숲을 아낀다
작은 두 눈이 그렇게 느낀다
가끔 허기에 쩔쩔맬 때
찾아가 안기는 품
성대한 식탁의 맛을
심장이 알고 있다

산중턱 바위에 걸터앉은
구름이 더듬거리듯 말을 한다
가다 쉬어가는 곳이 산이라 말한다
인심 좋은 맑은 공기 들이키면
배가 불러져 또다시
움직일 힘이 생긴단다
작은 심장이 그렇게 느낀다

물가 대숲에는 저수지 안
붕어의 비늘이 몇 개인지
알고 있다는 새들이
신처럼 살고 있다
물수제비 뜨는 붕어를 안단다
폴딱폴딱 물 위를 뛰는 붕어들이
세게 튀어 올라 가끔 놀란다는 대숲

그곳의 모든 것을 보고 자란
엉겅퀴는 모든 사실을 알고 있겠지
꽃 그림자 드리운 대숲 속에서
보라색 나비가 날아 나온다
엉겅퀴를 닮았다

새들의 둥지와 별

번지수 모를 어느 둥지에서
아기새 옹알이를 하고 있을까

아득히 먼 그곳
어딘지 닿을 수 없어
어둠 속 더듬거리는 맹인의 한숨

저만치 아니 더더 먼 어디쯤으로
어미새는 별을 보러 날아간 것일까

날아도 둥지에서 날아라 어미새여
별은 너의 둥지를 지키는 파수꾼

맹인의 가슴속으로 별들이 들어간다
새벽 수탉이 울기 시작한다

망중한

그늘진 평상 위엔
햇살이 드러누워
낮잠을 자고

나뭇잎에 내려앉은
바람도 쉬어 가는 때엔
코발트빛 하늘도 잔다

어느 감나무 아래서
나비는 춤을 멈추고
날개를 접었을까

버선발 노파의 집
옹기 확독 속에서
한숨 돌리는 돌공이

그 집 앞 지나는
여인의 등 뒤에서
낮달이 하품을 한다

보배

텅 빈 방안을 밝히는
등불 같아라

얼어 버린 손발을 다독이는
화롯불 같아라

사르르 감기는 두 눈 사이로
비추이는 불빛

뜨겁게 타올라 꺼지지 않는
불덩이 같아라

어느 먼 곳에 있다 하여도
내 안에 늘 머무는 사람

너 하나로 날마다 선물처럼
찾아오는 행복

너 하나로 우주를 가진 듯
다가오는 설렘

너 하나로 내 가슴엔
고운 꽃들이 피어난다

묵정밭 앞에서

뒤엉킨 머리카락 같은 풀숲에
메꽃들이 순한 웃음을 짓고
있었음을 짐작하지 못했다

때때로 스치듯 오가는 배낭 멘
일꾼들의 거친 손들이 버리고 간
수다와 잡동사니만이 나뒹구는

무정한 이의 마음에서 멀어진
그리움으로 물든
눈물의 땅인 줄로만 알았다

햇살 보고 웃었을
비를 맞고 울었을
그런 너흴 바라본 적이 없었다

너희에게 눈곱만큼의 관심도
두지 않았던 무심한 여인이었음을
고백한다

우연히 만난 이 순간
고요히 너희에게 눈길을
건넬 뿐이다

어머니의 보조개

어머니의 침대는 푸른 숲에 놓여 있다
가끔 그곳으로 햇살이 들어와
어린아이처럼 어머니의 팔을 베고
나란히 누워 있는 날도 있다
그런 날은
어머니께서 웃는 날이다

나는 더이상
어머니의 팔을 베고 눕지 않는다
무게 없는 천사의 날개를 지닌
고요함만이 안길 수 있는
얇고 투명한 팔뚝을 눈물방울이 가끔
쳐다보곤 한다

누운 어머니의 얼굴 안 보조개가
생긋생긋 다정한 인사를 한다
둥근 구멍 안에는 기쁨과 반가움만이
있었을 리 없다
뜨거운 눈물이 흐를 때면 빗물 같은
고독과 노곤함이 그곳에 누웠으리라

어머니의 얼굴, 사랑의 문신 같은
판박이 구멍이 저에게도 있음을 아시나요
비가 내려도 무지개가 떠도 늘 그곳엔
쏘옥 들어가 앉은 인생의 무게가 낯선
두려움과 함께 찾아오곤 합니다
아침이 다가옵니다
어머니 머리맡으로
햇살과 파랑새를 날려 보내겠습니다

너와 나

우리 서로
꽃으로 만났다
너도 꽃
나도 꽃

우리 각자
다른 모습이지만
그래도 좋다
너를 만나서

감꽃 피었다길래

오월의 하늘이
연노랑 꽃들 안고 있을 때엔
소리 죽여 조심히
다가갈 일이다

이른 아침 사랑의 꽃은
피어난다 하니 새들이
목청껏 노래하는 이유를
이제는 알겠다

아침이 오는 소리

허공을 가득 메운
생명의 소리들
새벽의 끝을 잡고
흔들어대고

안개 자욱한 지상 위엔
만개한 꽃들 고갤 들고
불 위 끓는 찌개
자글자글 노래 하는 시각

시야를 가린 혼탁함은
육체 노화의 슬픈 결실
삐그덕 소릴 내며 담담히
일어서는 느려진 관절 마디

그대, 쉬어 가도 괜찮아요

아픈 눈물이
주르륵 흐르던가요?

슬픈 사연 많아
힘이 들던가요?

그대, 오늘은
나의 등 뒤에 가만히 앉아
기대어 보세요

들리나요?
위로의 토닥거림이

보이나요?
희망의 무지개가

그대, 오늘은
잠깐 쉬어 가도 괜찮아요

숨어 버린 사랑아

에굽은 자드락길
저벅저벅 걸어 아스라이
멀어져 간 사랑아

부끄러워 내뱉지 못한
불타는 언어들 가슴에 품고
홀로 떠나버린 사랑아

말 못 할 사랑이라면 부디
뒷산 뻐꾸기 울음 울 적에
그대, 사랑한다 말을 하오

그대의 수줍은 사랑은
오늘도 진한 백화등 꽃향기로
내 곁에 머물고 있으니

아침이 고요에 묻히다

새들 대신 밤새
거친 숨소리로
별들마저 놀라 숨게 만든 바람이
이제야 잠을 잔다

새들이 날지 않는다
여린 새들은 이 아침에 움직임 없이
고요히 잠을 자고 있는가 보다
전신의 고통을 누그러뜨리고 있는 모양이다
정적의 숲속에 자취를 감췄다

성난 하늘은 태양을 내놓지 않는다
습한 둥지에서 흙냄새 붙들고
서로의 온기 속에 코를 고는
새들의 쌔근거림이 다가온다
푸른 잎 위로 고광나무 하얀 꽃
오늘은 피어나겠다

낡은 것들과의 이별

담벼락에 하늘을 그렸습니다
서툰 붓질에 성한 것 없었고
담쟁이의 놀라는 모습과
몸빼바지의 투정도 들었습니다

그래도
하늘 닮은 담장 하나
품고 살아갈 생각에
그저 좋았습니다

파란 물감 묻은 소맷자락에도
하늘 하나 또 생겼습니다
구름이 떠다니고 새가 날아 올까
생각하니 그저 좋았습니다

꽃으로 피어나는 그리움

꽃잎 위에 내려앉은 빗방울은
당신 향한 그리움의 흔적입니다
시도 때도 없이 하늘에 그려지는
당신 모습은 그리움의 붓질입니다

당신을 잊지 못할
추억이라 부릅니다
당신을 잊히지 않는
아픔이라 말합니다

수국꽃들 피어납니다
황금 낮 달맞이꽃도 피어납니다
당신 향한 그리움은 그렇게
꽃으로 날마다 피어납니다

04

제4부
그리고 아직 사랑

전화 꼭 주세요

그대에게 참
듣고 싶었던 말 있다
"전화 꼭 주세요!"

사랑한단 말보다
깊은 고백의 언어

그대라서
기다렸던 말
그대에게
하고픈 말

그대에게 꼭
하고 싶었던 말 있다
"꼭 전화 주세요!"

밤새 울던 개구리

수억 마리 개구리 제 짝 찾듯
쉼 없이 토해내는 사랑의 노래
고막을 두드리는 처절함에
고단함은 뒷산으로 가고 없다

어슴새벽 새들이 노래를 하니
울음 멈추고 땅속 비집고 나온
먹잇감들로 허기진 육체의
만찬을 즐기리라

다시 밤 되면 사랑을 위하여
빗소리보다 더 큰 함성 터지고
베개 품은 온몸의 피로는 귀 쫑긋
그도 사랑이라 궁금해하리

비바람의 잔혹함

혼절할 듯 센 바람 어지럽고
뒤죽박죽 뒤엉킨 아픈 꽃잎들
저마다 꽃잎 빛깔 눈물 흘린 날
분홍빛 눈물 그렁그렁 달맞이꽃
휘청거리는 새들의 빗속 비행이
이토록 슬퍼 보였던 적 있었을까

몸부림치는 전깃줄엔 하얀 멍이 들고
새들 날갯죽지 안 깊이 파고든 빗물은
차가운 낙숫물 되어 떨어진다
와장창 깨지는 사금파리의 상흔 속
비바람을 향한 꽃잎들의 핏빛 절규를
끝내 듣고 말았다

온통 흐트러진 낯선 낯빛의 봄은
회색빛 하루를 보내고 전신에 중증
화상을 입은 듯, 붉은 물집 맺힌 병꽃나무
꽃잎들 하나둘 끝내 숨을 멈춘다
나뭇가지 울음 울고 이웃 피뢰침 위
파랑새 홀로 섧게 긴 통곡을 한다

장미 흔들리다

너의 마음이 바람 따라 흔들릴 때
너를 바라보고 섰던 나의 마음은
너보다 더 흔들렸다

아름다움이 너에게서 솟아오를 때
너의 날카로운 가시를 정녕
생각하지 못했다

바람 거센 저녁, 공허의 배고픔에
귀가를 미룬 채 공중을 뱅뱅 도는
제비들과 너의 꽃잎은 아파 보였다

꽃잎 사이마다 가득한 사연들 품고
감춰 버린 속내, 밤 깊거든 너 홀로
타지 말고 마음 열어 별빛을 보아라

꽃피움의 순간

홀로 꽃 피울 적의 고된 산통을
뇌우가 함께 인내하고 있었던가!
듣지 못한 꽃들의 고통은 빗속을
떠다니고 있었던 게 분명하다

사나운 빗방울에 갓 피어난 꽃잎
찢길까 싶은 염려는 그렁그렁
눈물로 맺히고 발길 돌릴 수 없던
눈길은 꽃잎의 아픔을 보듬는다

비 내려, 오늘밤 우리 함께 별을
볼 수 없다 하여도 내일 마주할
별들을 기대하며 눈물은 거두어
내게 주고 새 꽃잎들을 품으렴

그대만이

그대만이 내 가슴속으로
노크 없이 들어올 수가 있다
내 어깨에 다정히 손을 얹고
햇살처럼 머물러 줄 오직 한 사람

사랑이란 이런 것일까
몽우 속에 피어나는 아련한
꽃무릇처럼 약속하지 않아도
내 가슴에 늘 붉은 꽃은 피어난다

안개비 내리는 오늘
그대의 눈빛과 미소를 떠올리며
소국 한 다발 손에 들고
노크 없이 그대 가슴에 들어가고 싶다

자주달개비꽃

그리운 이 기다리는가
풀숲에 고개 숙인 채
도통 얼굴을 들지 않는다

여인 하나 너의 벗 되고자
꽃 그림자 앞에 숨죽여
서 있는 걸 모르나 봐

자줏빛 꽃잎 속 감춘 사연
얼마나 귀하길래 아무도
모르게 꽃잎으로 감쌌을까

고갤 들어 너의 이웃을 보렴
사과꽃 다 져간다 어서 보렴
사랑초 붓꽃들도 바라보렴

부끄러워 얼굴도 들지 못할까?
여인도 내내 다가서지 못한 채
너의 그림자만을 밟고 서 있다

봄이 간다고 슬퍼 마오

묵연히 하늘 바라보며
부서져 가는 봄을 그러안고
꽃들 앞에 서성거리는 여인아

침묵이 아프고 바람이 아프고
꽃잎 져감이 눈물 나게 아픈
계절의 여울에 빠져드는 눈빛

허우적거리는 마음의 방황을
설구화는 알기라도 하듯
바람을 앞세워 꽃망울을 흔든다

골목 어귀 묵정밭 해묵은 야생화
온종일 어두운 땅속 헤적이다가
해거름에 이르기 전에 반드시

여염집 여인은 헝클어진 마음 모아
어둠이 닿기 전 집으로 돌아가
등불을 밝히고 미소 지을 일이다

사랑의 기도

당신이 파란 하늘이시라면
저는 당신을 바라보며 자라는
연녹색 여린 나뭇잎입니다
당신만을 바라보며 자라나는
푸르른 작은 이파리로도 족한
촛불처럼 타오르는 하나의 열망

언제나 당신이 계신 곳 바라보며
홀로 타다 사위어도 슬프지 않을
혼자만의 사랑이어도 괜찮습니다
날마다 당신 향해 자라나는 사랑
붉은 두 뺨에 눈물 맺고 아파하다
가뭇없이 사라진대도 괜찮습니다

사랑하였고 사랑하고 사랑만 하다가
저 먼 곳으로 가야 한다 해도 부디
당신 먼저 바람처럼 가지만 마십시오
약한 바람에도 흔들리는 마음이지만
당신 향한 붉은 마음은 오늘도 여전히
고운 열매로 영글어가고 있습니다

목하열애 (目下熱愛)

산들이 깨어날 때

운무 휘감은 거룩한 산들이
단잠에서 하품하며 깨어날 무렵
지축은 조심히 흔들리고 나무들은
몽환의 혼돈 속에서 끔벅끔벅

어딘지 알 수 없는 정체 모를
흐린 시야를 벗어나기 위해
산마루 서로들 부비적거렸을 터.
어느 낯선 땅 위에 섰던 것일까

아무것도 변한 게 없는 제자리에서
지난밤 수많은 밤 별들을 헤아리다
별과의 야반도주를 꿈꾸었을까!
산 아래 저수지가 웃고 있었음을 몰랐겠지

이제 어여쁜 푸른 몸뚱이 단장을 하고
곱디 고운 녹색 이파리로 세수를 하고
말간 저수지 거울을 보고 인사를 하렴
밤새 넌 새들의 둥지를 껴안고 잠을 잤을 뿐이다

파장

이르게 눈 뜬 새벽 장터에 가득했을
저마다의 파란 바다는 낯선 동네로
주인 따라 하나둘 서서히 떠나가고
비릿한 갯냄새만 장터 바닥에 줄줄 흐른다

어부와 그의 아내가 낚아 올린
만선의 기쁨은 커다란 다라이에 펼쳐지고
아가미 뻐끔거리던 날것들의 비늘은
서로 엉키어 날뛰고 개펄의 추억은
뿔뿔이 검은 봉지 안에 담겨 사라진다
바닷가 오일장의 반나절은 그렇게 흘러간다

비린내 나는 장터엔 집으로 가는 걸음뿐이고
파닥거리던 생명들은 미식가들의 만찬으로
차려지고 거나하게 취기가 돈 어부의 뺨엔
바다의 붉은 노을이 수채화를 그린다

눈빛 사랑

고맙다고,
사랑한다고,
가끔 슬펐노라고 한다

기다림과 그리움을
직접 말하지 않아도
다 알 수 있었다

너의 눈빛에 담긴
깊은 사랑을 말하지 않아도
모두 느낄 수 있었다

바로 너라서...

어머님의 꽃

당신 계신 하늘에도
봄꽃은 피어납니까?
보고 웃으시던 영산홍
저 높은 하늘까지
붉게 물들입니다

'미나리 초무침 맛나다' 하시던
잔잔하던 그 음성은 어디에서
다시 들을 수 있을까요?
먼 데 산새들이
자꾸 울어댑니다

그리워하는 이유를
새들도 아는 모양입니다
바람이 거칠게 불어댐도
이유를 아는 모양입니다
마음이 한없이 흔들립니다

우리 서로 달과 별이 되어
오늘밤 다시 만나 뵙고 싶습니다
하늘 나는 새를 따라가겠습니다
당신 계신 하늘 위 꽃동산에서
함께 꽃구경 하시게요 어머님

계절과의 이별

계절이 바뀔 때는 더 흔들린다
가만히 창가에 서 있기만 해도
바람 구르는 낙엽이 된다

구절초 앞에서 벙어리가 된 채
꽃만 보고 섰고 두 눈을 감으면
붉은 단풍잎이 되어 흔들린다

빗방울 맺힌 부추꽃과 원추리,
아기 범부채 씨방 아래엔 지난
계절의 땀방울, 소금꽃이 피었다

가는 계절에게 안녕이라 보내고
오는 계절에게 안녕이라 반긴다
이별 앞에 진한 눈물로 시를 쓴다

비 오는 9월 초열흘 새벽 찬 공기,
창문으로 들어와 이불을 덮어주고
뒤돌아 창문을 닫고 제 갈 길을 간다

너의 눈

파란 하늘 놓여 있다
조각구름 흘러간다
어여쁜 새 한 마리
날아간다

그곳에 나도 있다
그곳에 나의 미소도 있다
그래서 너의 두 눈이
자꾸만 보고 싶다

클래식한 사랑을 담은 편지

눈빛만으로도 설레이고
행복했던 그때의 우릴
기억해

가슴 한편에 차곡차곡
쌓아 둔 기억의 향기
더하기,

몰래 펼쳐 보던
달콤 쌉사름한 추억의 맛
더하기,

흘러간 세월 따위
이유가 되지 않는 그리움
더하기....

그렇게
더하기하며 살았다
먼 옛날 우린 참 클래식 했었지
오늘은 부치지 못한 편지를 보낸다

노란 유채꽃밭 사이로 흐르는
따뜻한 햇살 모아 너에게
사랑을 더하기하여 보낸다

너란 사람

마음이 예쁜 사람
말씨가 고운 사람
눈물이 많은 사람

사랑을,
행복을,
기쁨을 주는 사람

웃음이 많은,
꽃보다 예쁜 사람
너란 사람 참 좋다

들꽃의 사랑을 아시나요

살랑이는 봄바람은 오늘도
당신만을 기억하게 하네요

저 멀리서 걸어오고 계심을
들꽃들은 알고 고갤 들어요

하잘것없는 작은 꽃송이, 당신
마주한 적 없는 애처로운 꽃

당신이 스쳐가는 순간만은
설레임에 꽃미소 지어요

오고가시던 걸음 멈추면
꽃송이 접고 고요히 눈 감아요

오늘도, 내일도 당신만을 위한
사랑스런 들꽃으로 피어날래요

너에게 행복을 주고 싶다 1

너에게 어떤 행복을 줄까
생각하는 지금이 좋다
양지바른 널따란 뜰에
가득한 꽃송이면 될까!

연분홍 복사꽃의 눈부심,
붉은빛 겹겹 두른 사과꽃
하나둘 꽃잎 펼칠 때의
두근거림이면 될까!

약한 바람의 스침으로도
살랑거리는 녹색 이파리
바람 따라 낙하하는 꽃잎의
잔잔한 율동이면 될까!

내가 품고 살고 있는
숱한 행복을 너에게 주마
아낌없이 주마

너에게 행복을 주고 싶다 2

너에게 어떤 행복을 줄까
생각하는 지금이 좋다
노란 꽃물결 일렁이는 유채꽃밭
날갯짓하는 나비들이면 될까!

파란 하늘 위 바람과 마주하는
뭉게구름의 아련함이면 될까!
오솔길 두 손 잡고 정답게 걷는
사랑의 떨림이면 될까!

꽃향기, 꽃비 흩날리는 눈부심
가득한 꿈같은 날이면 될까!
코끝을 스치는 향기로운 바람에
가슴 벅차오르는 기쁨이면 될까!

내가 품고 살고 있는
숱한 행복을 너에게 주마
아낌없이 주마

하오 (下午)

깊은 밤, 슬픔이 잠든 그때
하늘 위 반짝이는 별 보이면
당신의 마음과 향기가
별이 되었을까 생각할게

고요히 불러보는 그대 이름
아무 대답 없어도 걱정은 없어
맑고 너그러운 그대의 눈빛
기억하고 있으니 난 괜찮아

그것만으로도 난 행복해
기억할 수 있어서 행복해
아쉬움과 아픔은 이젠 없어
그대 다시 내게로 올 거라 믿어

낮 지나 자정 되면
그대, 꽃처럼 고운 밤 별이 되어
오직 고운 꿈만을 내게
안겨 줄 순 없을까

모든 것이 다 괜찮았다

새가 아닌데도
하늘을 날았다
새들의 둥지를
탐하지도 않았다
나무들의 침묵에도
화나지 않았다

단지 사랑해야 할
이유만이 존재하는
그런 날이 있다

소리 없는 나무와도
이야기를 나누었다
비 뿌리는 하늘과도
이야기를 나누었다
단지 꽃망울 비바람에
떨어지지 않길 바랐다
눈과 마음으로 말할 수 있어
모든 것이 다 괜찮았다

험히 짓밟지 않으리

연둣빛 이끼 위 씨앗의 싹 틔움
태아의 실핏줄 같은
엷은 줄기 세상 향해 뻗어 나온
너희의 이름을 알지 못한다

창문으로 들어온 약한 햇살도
부족하다 말하지 않는 고귀함
그늘진 습한 자리 그도 좋다
참 좋다며 섰는 여린 풀들의
숨소리를 놓치지 않으리

돌봄 없는 빈 뜰에 살아도
불평조차 하지 않는 심성에
따뜻한 눈물로 말을 건네고
흔들림이 혹 아픔인가 살핀다

여리고 약한 세상의 생명들이
짓밟히지 않도록 한 발짝
또 한 발짝 내디딜 때마다
결코 힘히 짓밟지 않으리

봄이 온 것뿐이다

남루한 담벼락 틈새 얼굴 내민
너희는 풀이라 불리어도
결코 무엇 하나 비루하지 않다

걷다 스친 너희의 모습에
걸음 멈춘 채 마음을 보낸다
연보랏빛 꽃까지 피워냈으니
그저 아름다울 뿐이라고

햇살과 빗방울의 보살핌으로
자라났으니 그저 위대하다고
말할 수밖에 무엇이 또 있을까
봄이 온 것뿐이니 그저 웃자

05

제 5부
이별의 전조

가을 편지

가을이 편지를 쓴다
빗소리로
오색 단풍으로
바람으로, 이슬방울로
열매로, 뭉게구름으로
가을은 날마다 편지를 쓴다

문밖에 서면
가을은 저 멀리서 손 흔들며
고운 소식 알리러 웃으며 온다
가난한 마음에 풍요를 안겨 주고
국화꽃 향기로 빈 뜰을 채워 주는
반가운 가을 편지가
이른 아침부터 도착한다

섬

내 마음 닮은 섬 하나 있다
마음대로 닿을 수 없는 땅
배에 실려 보낸 것도 아닌데
바람에 실려 간 것도 아닌 듯한데
자꾸만 멀어져 가는 섬 하나 있다

바닷물 쓸려 나간 뻘밭 개흙 속
숨 쉬는 게들의 등 껍데기 안 깊숙이
숨어든 은둔의 그림자로 남았을까
은린옥척의 뒤를 따라 헤매고 있을까
먼바다로 자꾸만 멀어져간다

밀물 때 다시 내게로 돌아올 수 있을까
볼수록 고독한 먼 섬에서 돌아오지 않는
구름처럼 떠도는 외로운 마음
해송 솔방울 떨어지고 갯내 가득한
그 섬에 가서 내 마음을 꼭 데려와야만 한다

어머니 얼굴

꽃부채 활짝 펼친 하늘 보며
햇살보다도 뜨거운 눈물을
흘리며 섰는 여인이 보인다

세 살 무렵 여읜 어머니의 얼굴을
기억하지 못하는 그녀가 울고 있다
어린 세 살 아이의 모습으로 운다

그리워서 그립고 그리움에
꿈속에서 만난다는 얼굴도 모르는
어머니는 그녀를 꼬옥 안아 주신단다

얼굴 없이 치맛자락만 펄럭이며
가을 하늘로 사라지고 마는 어머니 모습이
너무도 그리워서 아이처럼 그녀가 운다

이별하기 좋은 날

가을볕 좋은 오늘은
여름과 이별하기에
참 좋은 날이다

여문 씨앗들이 우수수 쏟아진다
밤하늘 유성우처럼 눈부시게
땅으로 내려앉아 파란 하늘을 본다

도랑가 붉은빛 개여뀌
도랑물 곱게 물들이고
소슬길 날아다니는 소슬바람은
잠자리 떼 따라다니며 춤을 춘다

맑은 하늘 뭉게구름
모락모락 피어오르는 오늘은
이별하기에
참 좋은 날이다

가을로 간다

여름은 떨어진 꽃잎들을 모아
레드 카펫을 펼쳐 두었다
그 길 걸어 가을로 가면 된다
걸음마다 더 멀어져 가는 여름
이도 이별이라 가슴은 먹먹하다

마중 나온 검불 위 나팔꽃과
둥그런 이파리가 상냥히 웃는다
눈물은 흩어지고 매일 품고 살아온
기도의 언어들은 촛대 위마다
하얀 촛불을 밝힌다

서서히 가을에게 다가가 멈추면
문 열린 곳마다 가을빛 보이고
커피 향 같은 그리움도 쏟아지리라
이제 심장을 펴고 못다 한 말들을 안고
눈부신 가을 속으로 달려가겠다

가을이 올까 하여

아무도 걷지 않는 밤길로
가을이 다가와 속삭일까 싶어
창문을 닫지 않았습니다

밤이슬 내린 풀잎 위마다
여름이 남기고 간 추억이
풀벌레 소릴 듣고 있을지도

앉을 수 없는 젖은 의자엔
뭇별들의 눈물인 양 떨어진 이슬을
고독이 품에 안은 채 앉았고

이름을 알 수 없는 타인들의 불 꺼진
창문 밖엔 가을이 서성거리는지
자꾸만 나뭇잎이 후두둑 떨어집니다

또다시 오는 가을

켜켜이 쌓인
꽃잎 위로
여름이
허물을 벗는다
살며시
옷자락 펼친 가을은
가을빛 잎새들을 품는다

구절초 위로
쏟아지는
하얀 별빛 품은
기도문은
순백의 가을꽃으로
다시 피어나고
우리에게 가을이 다가온다

밤하늘 하늘 바다

새들의 성대는 둥지에서
떨림을 가라앉힌 채 서로의
온기를 나누고 있을 것이다

대낮의 유채색 풍경
밤의 검은 장막 속에
몸을 누인 채 눈을 감았을까!

별 보이거든 달 보이거든
그대 바라는 검푸른 하늘 바다
평허한 그곳으로 마음을 보내고

포말 따위 존재치 않는
하늘 바다 건너 그대 가다 보면
고운 별 하나 만나게 되리니

어둠 향해 마음의 문 활짝 열고
맑은 두 눈에 별빛 담아
내게도 그 별빛 주오

꽃비 내리는 봄엔

후두둑 쏟아지는 꽃비 보며
4월의 온전함을 느껴라
손 맞잡은 연분홍 꽃잎들의
웃음소리가 들리지 않는가

보드라운 깃털의 쓰다듬 같은
봄바람이 찬 가슴을 데워주니
어느새 펄쩍 뛰어올라 나무 위
한 마리 새 되어 하늘을 보네

흥얼흥얼 노래 부르니 키 큰
동백꽃 붉은 눈물을 왈칵 쏟네
작은 소리에도 우는 걸 보니
이별할 때를 알고 있나 보다

먼저 진다고 슬퍼 마라
때가 되면 오롯이 꽃들 지나니
져버리기 전에 고운 이 봄에
하늘 보며 그저 편히 좀 쉬자

새벽은 갔다

나이트가운을 벗는 새벽은
하늘 어디쯤에 둥지를 틀고 있을까
하나님 손바닥 위는 아닐까!
밤새 품었던 세상의 것들의
아침을 위해 사라져간다

까르르 웃는 새소리는
사방으로 퍼지고 약한 청력은
안간힘 다해 흐릿한 세상을 더듬고
험히 울어대는 검은 짐승의 포효가
아님에 심장은 고요의 길로 간다

안개 가득한 아침으로 가는 길엔
얼굴도 모른 채 새벽마다 인사를
건네던 이국의 여인네들이 남긴
웃음소리와 낯선 언어들이 골목 안
곳곳을 스쳐 느릿느릿 사라져간다

새벽의 주인은 누구입니까

등불 환히 밝혀진 뜰 아래
부족한 수면을 견디며 꽃을 피운
개나리꽃이 이 새벽의 주인은 아닙니까

인간들의 어두운 눈과 발걸음을 위해
밤새 켜 두었던 등불, 잠 못 들고도
어떻게 저리 고운 꽃을 피워 냈을까요

이 새벽의 주인은 누구입니까
고요, 별, 달, 꽃들이 아닌가요?
무거운 나의 죄지음으로 인해
별도 달도 안개 숲에 숨어 버렸습니다

봄볕은 젖 물리는 엄마다

개나리 눈부신 꽃피움을 위하여
젖 물리던 봄볕은 한 줌의 피로도
느끼지 않았을까 싶다
살 오른 꽃송이마다 등불이 켜졌다

겨우내 온정을 다해 품었을 다정한
엄마 같은 햇살의 고운 성품.
얼마큼의 사랑을 줬길래 아프도록
눈부신 꽃들을 피우느냔 말이다

한 송이 한 송이 노란 등불 환하니
어두운 밤 오더라도 밤인 줄이나 알까
노란 형광물감 덧칠한 듯 낮처럼 밝으니
봄볕은 낮인 줄 알고 젖 먹이러 또 오겠다

아메리카노 같은 일요일

유리창으로 들어온
아침 햇살이
무심히 테이블 위에
눈길을 놓는다

느릅나무 탁자 위
블랙 아메리카노
햇살이 설탕을 넣고
저었는지 달다

햇살을 하늘로
모셔다드리기 위해
밖으로 나서니
봄이 와락 안긴다

어쩔까!
두근대는 심장은 하늘을 날고
산마루를 날아다닌다
참, 큰일이다

건너편 노파의 집 백목련
웃으며 손 내밀고
어린 소사나무 이파리
그곳으로 손을 뻗는다

나보다 먼저 들어온 햇살이
커피 향을 맡고 있다
햇살은 아메리카노 향기를 좋아하는 모양이다

목련꽃 필 때마다

한 노파가 살고 있다는 길 건너편
고옥 담벼락 너머로 목련꽃 보일 쯤엔
가본 적 없는 그녀의 집 앞마당에
봄볕 품은 봄날이 왔는가 하였다

그녀의 마음에도 해마다 봄이면
나이 들어 뵈는 봄볕이 당도하곤
하였을까! 인기척 없는 그녀의 집
열창이 열린 것을 본 적이 없다

그녀는 나의 봄이 어떤 맛인지 알까!
봄이면 그녀의 앞마당 목련꽃 보고자
무채색 개나리꽃 그림자 옆에서
홀로 서성였던 순간을 알고나 있을까!

한 번쯤 그녀를 만나 고백하고 싶다
스물아홉 해 내내 봄마다 그녀의 집
고적한 뜰에 피어나던 봄날의 목련을
사모하며 살아왔노라고...

봄엔 무엇을 꿈꾸는가

봄엔 무엇을 꿈꾸는가 묻는다면
길섶 작은 야생화로라도 좋으니
봄꽃으로 피어나고 싶다

봄엔 무엇을 꿈꾸는가 또 물으면
눈물 섞인 뜨거운 열망과 꽃향기 품은
자유로운 봄바람이고 싶다

꽃으로, 바람으로라도 좋을
하루만으로도 족할 영혼의 자유
그 꿈 하나 이뤄진다면

오소재 점방 장작 패는 주인 아재
익살맞은 모습 보며 스쳐 지나가는
물오른 단풍나무 숲길 지나는 봄바람 되리

가을밤 달빛 아래서

고혹적인 달빛에 넋을 놓고
밤하늘을 마주하며 살아왔다
시름없이 바라보고 섰노라면
심장 안으로 둥근달이 들어온다

밭이랑마다 어린 가을배추들은
달빛 아래 쌔근쌔근 잠을 자고
갯벌 걷던 도요새, 소박한 둥지에서
깃털 속에 달을 품고 잠들었으리라

가을밤 깊을수록 달빛도 깊어간다
내 마음에 내려앉은 고요한 달빛
밤바람 불 때마다 한 줌의 추억을
모셔 오면 그리운 단풍 숲으로 간다

귀기울이면 다 들려요

이름 모를 이들의 손에 들려
밖으로 나가는 우산 소리를
헤아릴 수 없어 안타깝습니다

반질반질한 아기새들의 옹알이와
안달복달 어미새 조르는 소리가
귓가에 다가와 속삭입니다

언제 그칠지 모를 빗소리가 참 좋습니다
메마른 곡식들이 들이키는 빗방울 소리와
구겨졌던 얼굴들 펴지는 소리가 들려옵니다

비설거지 하느라 검게 탄 농부들이
주름살을 펴고 늦잠 자고 있을
비 내리는 아침이 정겹습니다

타인을 위해 다정한 마음과 언어를
챙겨 들고 나가는 오늘이라면 가슴에
예쁜 사랑의 둥지 하나 생겨날 것입니다

동박새 나는 봄

봄볕이 좋아서 하늘을 한참 날았다는 새
누구의 집인지 알지 못하는 동박새 한 마리
붉은 동백꽃 우아한 꽃 숲에 얼굴 내밀고
꽃향기와 꿀맛에 취해 휘청거린다

꿀 흠뻑 먹고 부리에 노란 꽃 피어나니
개나리가 피어난 줄로만 알았다
봄꽃 피었나 다가가니 흠칫 놀란 동박새
부리에 노란 꽃을 물고 퍼드득 날아간다

동박새 나니 하늘에 연둣빛 새싹이 돋고
꽃 피어나 허공에서 춤을 추는가 하였다
너도 꽃이구나 말 건네니 꽁무니 뵈지 않게
날쌔게 더 멀리 멀어져 가는 동박새

아무래도 꽃들 더 피어나면 정신 줄 놓겠다
사월에 꽃들의 흐드러짐을 어찌 감당할까!

꽃들에게 하고픈 말

가지 끝마다 샛노란 병아리 주둥이
뾰족한 꽃망울 어여쁜 개나리 옆
진달래가 곁눈질 시샘을 한다

가지마다 노랑, 분홍 꽃 등불 달고
어두운 밤을 밝히니 밤길이 두렵지 않다
봄날 첫사랑이 너희인 걸 알기나 하니!

꽃 피어남이 당연하지 않구나
한겨울의 냉혹함을 맨몸으로 견뎌낸 꽃들아
그 무엇에게도 버림받지 말고 내내 당당하여라

봄날 사색

연한 단풍 이파리 서둘러 솟아오르니
봄이 온 것을 알겠다
수선화, 개나리 앞다퉈 꽃송이 펼치면
봄 햇살 포화 속으로 뛰어가 안기겠다

눈부신 햇살만으로도 넉넉해질 마음
봄날의 어느 순간을 사랑하지 않을 수 있나
저 먼저 져버린 매화 꽃잎이라도
디딤돌 위에 서서 마저 사랑하겠다

뺨에 닿는 봄바람을 거두어
피어난 꽃들에게 실바람 되어 가겠다
봄 향기 가득한 뜨락을 거닐다
민들레 옆에 가만히 누워 봄이 되련다

홀로 피고지는 꽃 앞에서

지난해 떨군 꽃잎, 홀로 타고 남은 재로
땅속 얇은 실뿌리 향해 사르르
사랑의 이름으로 스며들어 꽃송이 될까!

여실히 드러나는 정성으로 맺힌
또 하나의 꽃송이 그 또한 사랑일까!
저 홀로 피고지는 꽃이라도 불꽃 같아라

온순한 바람과 햇살, 소리 없이 내려앉아
춤추고 노래하는 요정들, 하나둘 꽃잎 펼침도
뜨거운 꽃들의 열정이리라

홀로 꽃 피고 거듭하여 타다 재가 되고
스러져가는 아픈 이별을 반복하여도
그저 사랑이라 부르리!

훗날 우린

젊은 날은 가고 깊이 팬
주름 위로 훗날 우리에겐
어떤 깊음이 가득 채워질까!

하얗게 센 머리카락을 보며
흘러가 버린, 검고 숱 많았던
옛 모습을 떠올릴 수나 있을까!

쭈그러진 피부를 만지며
푸르렀던 젊은 날의 낭만을
기억해낼 수나 있을까!

거친 비바람에 꽃잎 떨어질 때의
아련한 슬픈 감성을 잃어버리지 않고
느낄 수나 있을까!

기억하는 것보다 잊혀진 것들이
많아질 훗날의 우린, 스스로를
사랑하다 사라질 수 있기를 바랄 뿐.

나의 사랑도 오겠지

이른 아침 까치 한 쌍
동네방네 하늘 위 날며
노래 부르니 오늘은
기쁜 소식 오겠지 하였다

내리던 눈 그치고
말간 하늘 속 몽실몽실 구름 떼
하얀 꽃처럼 가득하니 오늘은
좋은 소식 닿겠지 하였다

기다리던 월의취설
붉은 동백 하나둘 피어나니
드디어 오늘은
나의 사랑도 오겠지 하였다

혼자만의 약속

어머니의 혼탁한 의식 앞에서
혼자 새끼손가락 걸고 약속했던
일들은 이제 아무것도 아니다
혼자만의 약속은 약속이 아니었다

9월 초이틀
어머니께선 하얀 수의를
걸쳐 입으시고 아무런 말씀도 없으셨다
영정 사진 앞에 서서 하얀 국화꽃을
바치며 눈물을 훔치며 서 있던 슬픈 날

구절초 위엔 굵은 눈물이 맺히고
당신 누우신 땅 위, 황칠나무 잎새들
잘 있거라 말을 건네듯 흔들리고
푸른 산 나비 한 마리 머리 위 맴돌던
그날은 아무런 약속을 할 수 없었습니다

슬픔만을 간직하기엔 너무 아프기에
어머니께서 사랑하시던 당신 딸은
더 곱고 곧은 심성으로 하늘을 보며
정답던 어머니의 뜻을 받들어 바르게
살아가겠노라 홀로 약속을 할 뿐입니다

꿈꾸는 별 하나

꿈꾸는 별 하나 있다

구름 채반 펼쳐 꽃구름 받치고
쏟아져 내리는 가을 햇살 모아
끼룩끼룩 창공 날아가는 새들의
가슴에 거룩한 가을꽃 피우겠다

어둠은 걷히고 별은 내 가슴에
밤하늘보다 더 고운 성소에서
숨을 고르다 밤이 되면 또다시
꿈꾸는 별이 되어 빛나고 있으리

별 하나 가슴에 품고 꿈을 꾼다

소망

풀잎 위에 내려앉은 작은
낙엽 하나만으로도 족하니
가을엔 우리 이렇게라도 만나자
내 푸르름 위에 단풍 등불을 켜다오

잡초라 불리어도 사계절 내내
하늘보다 더 푸르던 작은 몸집
이 땅 한 편에서 우연히 우리 만났으니
성숙한 계절과 바람에게 감사하자

허름한 기왓장 위 괭이밥꽃, 흘러간
내 청춘의 모습보다 더 곱게 머물고
숲속 누비는 작은 나방, 꽃잎인 양 앉았으니
너도 꽃이구나 이름을 불러본다

이제 무엇으로 우리 다시 만나지려나
바람으로라도 좋겠다
단풍잎으로라도 좋겠다
그저 스쳐 가다 다시 만나는 인연이면 좋겠다

서평(書評)
목하열애(目下熱愛)_ 홍미경 2집

열린동해문학연합회 회장 서인석
평론가/원평/서인석

〈하얀 꽃들을 보며〉는 자연 속 하얀 꽃들을 통해 인간의 삶과 내면의 순결, 인내, 그리고 성숙을 사유하는 서정시입니다. 시의 첫 연에서는 부추꽃을 통해 '하늘 향해 순결한 기도를 드리듯' 피어나는 꽃의 모습이 묘사됩니다. 하얀색과 '기도'라는 종교적 이미지가 결합되어, 자연의 생명력을 신성한 영역으로 끌어올립니다.

두 번째 연의 까마중 꽃과 열매는 대조적 색채(하얀 꽃과 진보랏빛 열매)를 통해 순수와 성숙, 시작과 완성의 변화를 상징합니다. '달과 별의 사랑으로 열매 익어간다'는 구절은 자연의 조화를 통해 인간의 삶이 성숙해가는 과정을 은유합니다.

마지막 연의 구절초는 계절의 변화를 맞이하는 인내와 강인함의 상징으로 그려집니다. '비와 바람과 폭염에도 주저앉지 않은' 꽃은 시인이 닮고자 하는 삶의 태도를 보여줍니다.

전체적으로 이 시는 자연의 순환 속에서 발견한 인간적

덕목—순결, 인내, 성숙—을 조용한 어조로 노래한 작품입니다. 언어는 담백하고 정제되어 있으며, 꽃의 이미지가 단순한 대상 묘사를 넘어 내면의 기도와 깨달음으로 확장되는 점이 인상적입니다.

부추꽃 피어나는 때인가 봅니다
간절한 깊은 언어들이 한데 모여
하늘 향해 순결한 기도를 드리듯
하얀 촛불 닮은 하얀 꽃 피어나면
꽃과 하늘 보며 두 손 모으렵니다

까마중 하얀 꽃들 별처럼 곱습니다
진보랏빛 흑진주 닮은 수줍은 열매들
꽃도 열매도 땅만 품은 줄 알았더니
한여름 태양의 입맞춤으로 꽃 피었고
달과 별의 사랑으로 열매 익어갑니다

구절초, 가을을 맞으려고 피어납니다
바람에도 꺾임 없이 자란 줄기마다,
꽃송이마다 아픔은 없어 보입니다
비와 바람과 폭염에도 주저앉지 않은
꽃들의 인내와 성품에 침묵할 뿐입니다

「하얀 꽃들을 보며」_전문

「그리움은 삭지 않는다」는 그리움의 지속성과 생명력을 자연의 이미지로 표현한 서정시다. 시는 "씨앗도 뿌린 적이 없다"는 고백으로 시작해, 그리움이 의도적 행위가 아닌 '심장의 뜨거움'에서 비롯된 자생적 감정임을 드러낸다. 이 감정은 "잠들지도 시들지도 않는 나무"로 형상화되어, 시간의 흐름 속에서도 사라지지 않는 그리움의 생명력을 강조한다.

중간의 "별처럼 빛나고", "하얀 박꽃으로 피어나겠다" 같은 구절은 그리움이 단순한 슬픔이 아니라, 추억의 아름다움과 생명의 순환으로 승화된 감정임을 보여준다. 마지막 연의 "365일 꽃을 품은 보름달"은 그리움이 완전한 존재, 혹은 사랑의 지속적 상징으로 확장되는 장면이다.

결국 이 시는 그리움이 사라지는 것이 아니라, 삶의 한 부분으로 자리 잡아 빛과 생명을 품게 되는 과정을 담고 있다. 정제된 언어와 따뜻한 이미지가 조화를 이루며, 절제 속에서도 진한 감정의 여운을 남기는 작품이다.

어떤 씨앗도 뿌린 적이 없다
그저 심장이 뜨거웠을 뿐이다

따순 혈액이 싹을 틔웠을까!
만남과 헤어짐은 늘 뜨거웠다

가슴을 꽉 채우고도 모자라
거침없이 자라나고 잠들지도
시들지도 않는 나무와도 같은
그리움의 뿌리는 왜 그리 깊은지

실팍한 가지마다 흘러가 버린
우리의 계절은 별처럼 빛나고
서로 주고받던 언어들은 밤이 되면
하얀 박꽃으로 피어나겠다

다정한 너는 내 가슴에 365일
꽃을 품은 보름달로 떴더란다
오늘밤엔 보름달이 뜰 거란다
삭지 않는 그리움이 다가오는 것이다

「그리움은 삭지 않는다」_전문

「고백」은 절제된 언어 속에 섬세한 감정을 담아낸 서정시입니다. 시인은 '백자귀꽃'과 '하얀 반달'이라는 맑고 고운 이미지를 통해 사랑의 시작과 설렘을 상징적으로 드러냅니다. 직접적인 고백 대신, "떨리는 목소리", "흔들리는 눈빛" 같은 감각적 표현으로 내면의 떨림을 전하는 점이 인상적입니다.

마지막 연에서 "당신은 이미 알고 계시겠지요 / 사랑의 고백인 것을"이라는 구절은, 말보다 시선과 분위기로 전해지는 사랑의 본질을 보여줍니다. 전체적으로 이 시는 조용하지만 깊은 감정의 울림, 그리고 순수한 사랑의 미묘한 순간을 포착한 작품이라 할 수 있습니다.

백자귀꽃
피어났노라
떨리는 목소리로
말하는 것도

하얀 반달
떠올랐노라
흔들리는 눈빛으로
전하는 것도

당신은 이미
알고 계시겠지요
사랑의 고백인 것을

「고백」_전문

「새들의 둥지와 별」(홍미경)은 둥지와 별이라는 두 이미지를 통해 그리움, 보호, 그리고 생명의 순환을 시적으로 그려낸 작품입니다.

먼저, 둥지는 생명의 시작점이자 안식처로서 '아기새'와 '어미새'의 관계를 상징합니다. 반면 별은 멀고 닿을 수 없는 세계, 혹은 희망과 영혼의 자리로 표현됩니다. 어미새가 "별을 보러 날아간 것일까"라는 구절은, 단순한 부재를 넘어 죽음 혹은 초월의 이미지를 암시하며, 남겨진 둥지(생명)와 떠난 별(영혼)의 대비를 통해 존재의 슬픔을 담아냅니다.

"맹인의 가슴속으로 별들이 들어간다"는 대목은 어둠 속에서도 빛을 느끼는 내면의 통찰을 보여줍니다. 이는 보이지 않아도 느낄 수 있는 희망 혹은 내면의 깨달음을 상징하는 시적 순간입니다. 마지막 구절 "새벽 수탉이 울기 시작한다"는 어둠의 끝과 새로운 시작을 알리며, 시 전체를 죽음에서 생명으로, 밤에서 새벽으로 이어주는 전환점이 됩니다.

요약하자면, 이 시는 이별과 그리움 속에서도 삶은 계속된다는 순환의 진리, 그리고 어둠 속에서도 별처럼 남아있는 희망을 섬세하고 서정적으로 표현한 작품입니다.

번지수 모를 어느 둥지에서
아기새 옹알이를 하고 있을까

아득히 먼 그곳
어딘지 닿을 수 없어
어둠 속 더듬거리는 맹인의 한숨

저만치 아니 더더 먼 어디쯤으로
어미새는 별을 보러 날아간 것일까

날아도 둥지에서 날아라 어미새여
별은 너의 둥지를 지키는 파수꾼

맹인의 가슴속으로 별들이 들어간다
새벽 수탉이 울기 시작한다

「새들의 둥지와 별」_전문

「숨어 버린 사랑아」는 수줍고 이루지 못한 사랑의 정서를 섬세하게 그려낸 서정시입니다.

시인은 '에굽은 자드락길'이라는 이미지로부터 시작해, 사랑의 이별과 그리움의 길을 상징적으로 표현합니다. '불타는 언어들'을 '가슴에 품고' 떠나버린 사랑은 말하지 못한 감정의 아픔을 드러내며, 이는 곧 내면에 숨어 버린 사랑의 비극성과 순수성을 보여줍니다.

또한 '뒷산 뻐꾸기 울음'과 '백화등 꽃향기' 같은 자연 이미지를 통해, 사랑의 부재 속에서도 남아 있는 흔적과 기억의 지속성을 아름답게 형상화합니다.

전체적으로 이 시는 절제된 언어와 감각적인 이미지를 통해, 표현되지 못한 사랑이 시간이 지나도 향기처럼 남아 있는 잔향의 미학을 보여주는 작품이라 할 수 있습니다.

에굽은 자드락길
저벅저벅 걸어 아스라이
멀어져 간 사랑아

부끄러워 내뱉지 못한
불타는 언어들 가슴에 품고
홀로 떠나버린 사랑아

말 못 할 사랑이라면 부디
뒷산 뻐꾸기 울음 울 적에
그대, 사랑한다 말을 하오

그대의 수줍은 사랑은
오늘도 진한 백화등 꽃향기로
내 곁에 머물고 있으니

「숨어 버린 사랑아」_전문

목하열애(目下熱愛)

초판 1쇄 인쇄 2025년 11월 05일
초판 1쇄 발행 2025년 11월 14일

지은이 : 홍미경
펴낸이 : 서인석
편집 및 디자인 : 서인석 · 서윤희
펴낸곳 : 도서출판 열린동해문학
〈등록 제 573-2017-000013호〉
주소 : 충북 청주시 서원구 모충로 93 1층 101호
HP : 010-7476-3801
팩스 : 043-223-3801

ISBN 979-11-991018-9-0 (03800)

이 책의 판권은 저자와 출판사의 동의 없이 무단 및 복제를 금합니다. 파손된 책은 구입처에서 교환하여 드립니다.

이 도서의 국립중앙도서관 출판시 서지정보유통지원 시스템 홈페이지(http://seoji.nl.go.kr)와 국가자료공동목록시스템(http:nl.go.kr/kolisnet)에서 이용하실 수 있습니다.